Zurückgeblieben nach der Entrückung

TATJANA RECHER

Impressum

Copyright:
Jahr:

ISBN:

Lektorat/ Korrektorat:
Illustrationen:
Covergestaltung: Tatjana Recher
Weitere Mitwirkende:

Verlagsportal:
Gedruckt in Deutschland

Die Deutsche Nationalbibliothek verzeichnet diese Publikation in der Deutschen Nationalbibliografie *(falls zwei Pflichtexemplare an die DNB geschickt werden!)*.

Zurückgeblieben nach der Entrückung

Ein Leitfaden zur Rettung in der Endzeit

1.1 Inhaltsverzeichnis

Kapitel 1 – Einleitung

Die Entrückung: Ein Schock für die Welt

Es begann wie ein ganz gewöhnlicher Tag. Der Himmel war klar, Menschen gingen zur Arbeit, Kinder spielten in den Straßen, Flugzeuge flogen über die Kontinente. Doch in einem Augenblick, schneller als ein Lidschlag, änderte sich alles. Millionen von Menschen verschwanden spurlos. Fahrzeuge standen führerlos auf den Straßen, Flugzeuge stürzten ab, Krankenhäuser meldeten fehlendes Personal, Schulen leer gewordene Klassenräume. Schreie, Sirenen, Panik, eine Welt im Ausnahmezustand.

Fernsehsender unterbrachen ihre Programme, Reporter standen fassungslos vor leer gefegten Plätzen. Die Regierungen versuchten, Erklärungen zu liefern, von geheimen Technologien bis hin zu außerirdischen Entführungen. Doch es gab eine Gruppe von Menschen, die genau wusste, was geschehen war: Die Entrückung, wie sie die Bibel prophezeit, hatte stattgefunden.

„Denn der Herr selbst wird, wenn der Befehl ertönt, wenn die Stimme des Erzengels und die Posaune Gottes erschallt, vom Himmel herabkommen; und die Toten in Christus werden zuerst auferstehen. Danach werden wir, die wir leben, die übrig bleiben, zugleich mit ihnen

entrückt werden in den Wolken, dem Herrn entgegen in die Luft. Und so werden wir allezeit beim Herrn sein."
(1. Thessalonicher 4,16–17 SLT)

Die Entrückung ist nicht nur ein theologisches Konzept, sondern ein plötzliches, weltweites Ereignis, das die Gesellschaft, Politik, Wirtschaft und jede einzelne Familie erschüttert. Für die einen ist es der Moment größter Freude, für die anderen der Beginn einer noch nie dagewesenen Zeit der Not.

Die Bedeutung der Entrückung und der Rückkehr Christi

Die Entrückung ist mehr als nur eine spektakuläre Szene in einem Endzeitfilm. Sie ist die Erfüllung von Jesu Verheißung, seine Nachfolger zu sich zu holen, bevor der Zorn Gottes über eine ungläubige Welt ausgegossen wird. Sie markiert den Beginn einer neuen Phase der Heilsgeschichte.

Jesus sagte:

"Euer Herz erschrecke nicht! Glaubt an Gott und glaubt an mich! Im Haus meines Vaters sind viele Wohnungen… ich

gehe hin, euch eine Stätte zu bereiten. Und wenn ich hingehe und euch eine Stätte bereite, so komme ich wieder und werde euch zu mir nehmen, damit auch ihr seid, wo ich bin."
(Johannes 14,1–3 SLT)

Die Rückkehr Christi in zwei Phasen zu verstehen, ist entscheidend:

Phase 1: Die Entrückung unsichtbar für die Welt, Christus holt seine Gemeinde.
Phase 2: Das zweite Kommen, sichtbar für alle, Christus kommt mit Macht und Herrlichkeit, um zu richten und sein Reich aufzurichten.

Die Entrückung zeigt die Treue Gottes zu seinen Verheißungen. Sie ist ein Akt der Liebe, durch den er seine Kinder vor der großen Trübsal bewahrt. Gleichzeitig ist sie eine ernste Mahnung für alle, die glauben, noch Zeit zu haben.

„Siehe, ich komme bald! Halte fest, was du hast, damit niemand deine Krone nehme."
(Offenbarung 3,11 SLT)

Diese Einleitung soll dir eines klar machen: Was geschehen ist, ist kein Zufall. Es ist kein Mythos, keine Verschwörung, es ist Gottes Plan. Und wenn du dieses Buch liest, befindest du dich an einem entscheidenden Punkt deines Lebens.

1.2 *Kapitel 2 – Was ist die Entrückung?*

1.2.1 Biblische Grundlagen

Die Entrückung ist kein modernes Konzept, keine Idee aus Romanen oder Filmen. Sie ist eine uralte biblische Verheißung. Schon die Apostel lebten in der Erwartung, dass sie zu Lebzeiten geschehen könnte.

Der Apostel Paulus schrieb an die Gemeinde in Thessalonich:

> „Denn der Herr selbst wird, wenn der Befehl ertönt, wenn die Stimme des Erzengels und die Posaune Gottes erschallt, vom Himmel herabkommen; und die Toten in Christus werden zuerst auferstehen. Danach werden wir, die wir leben, die übrig bleiben, zugleich mit ihnen entrückt werden in den Wolken, dem Herrn entgegen in die Luft. Und so werden wir allezeit beim Herrn sein."
> *(1. Thessalonicher 4,16–17 SLT)*

Das Wort „entrückt" kommt aus dem griechischen **harpazo**, was „mit plötzlicher Kraft wegnehmen" oder „hinaufreißen" bedeutet. Die Entrückung ist also ein plötzliches Eingreifen Gottes, um die Seinen aus der Welt zu nehmen, bevor die Zeit seines Zorns beginnt.

1.2.2 Das Ereignis der Entrückung

Die Entrückung wird in einem Augenblick geschehen, schneller, als ein Mensch blinzeln kann. Paulus beschreibt es so:

> „Siehe, ich sage euch ein Geheimnis: Wir werden zwar nicht alle entschlafen, wir werden aber alle verwandelt werden, in einem Nu, in einem Augenblick, bei der letzten Posaune.“
> *(1. Korinther 15,51–52 SLT)*

In diesem Moment wird jeder wahre Nachfolger Jesu einen neuen, unvergänglichen Leib erhalten. Die Toten in Christus werden zuerst auferstehen, und die lebenden Gläubigen werden gleichzeitig verwandelt. Gemeinsam werden sie Jesus in den Wolken begegnen.

Stell dir diesen Augenblick vor: Familien, die einander in den Armen liegen, Freunde, die sich nach Jahren wiedersehen, alle in vollkommener Freude, ohne Schmerz, ohne Tränen. Der Himmel erfüllt mit unbeschreiblicher Herrlichkeit, und Jesus Christus steht in ihrer Mitte.

Für die Welt hingegen wird es ein Tag der Fassungslosigkeit sein. Millionen sind verschwunden. Erklärungen werden kursieren, doch keine wird den wahren Grund nennen wollen. Die Medien werden versuchen, eine natürliche Erklärung zu finden, aber die Wahrheit bleibt: Jesus hat seine Gemeinde geholt.

1.2.3 Die Folgen für Gläubige und Ungläubige

Für die, die bei der Entrückung dabei sind, bedeutet sie das Ende aller Mühsal und der Beginn der Ewigkeit mit Christus. Sie sind vor der großen Trübsal bewahrt, die nun über die Erde kommt.

Jesus versprach seiner Gemeinde:

> „Weil du das Wort vom standhaften Harren auf mich bewahrt hast, werde auch ich dich bewahren vor der Stunde der Versuchung, die über den ganzen Erdkreis kommen wird, um die zu versuchen, die auf der Erde wohnen.“ *(Offenbarung 3,10 SLT)*

Für die Zurückgebliebenen hingegen beginnt eine Zeit, wie sie die Menschheit noch nie erlebt hat. Politische Instabilität, wirtschaftlicher Kollaps, Naturkatastrophen und ein beispielloser geistlicher Kampf werden das Leben bestimmen.

Die Entrückung ist also nicht nur ein Ereignis, sie ist eine Scheidelinie in der Geschichte. Sie trennt die, die zu Christus gehören, von denen, die ihn abgelehnt haben. Sie erfüllt Gottes Verheißung an seine Kinder und eröffnet zugleich die düsterste Phase der Menschheitsgeschichte.

1.3 Kapitel 3 – Warum warst du nicht dabei?

1.3.1 Die entscheidende Frage

Du hältst dieses Buch in den Händen und spürst vielleicht schon, dass es eine ganz andere Art von Lektüre ist. Es geht nicht um bloße Informationen, sondern um Leben und Tod, um deine Ewigkeit. Die Frage, die nun über allem steht, lautet: *Warum warst du bei der Entrückung nicht dabei?*

Vielleicht dachtest du, du hättest noch Zeit. Vielleicht glaubtest du, dass diese Dinge nur Symbolik seien oder dass es noch Jahre dauern würde. Aber nun ist es geschehen. Du bist zurückgeblieben.

Die Bibel macht klar, dass die Entrückung nicht alle Menschen betrifft, sondern nur die, die eine lebendige, echte Beziehung zu Jesus Christus haben. Das ist der entscheidende Unterschied, nicht Religion, nicht Tradition, nicht äußere Frömmigkeit, sondern eine persönliche Verbindung zu dem, der allein retten kann.

1.3.2 Die Notwendigkeit einer persönlichen Beziehung zu Jesus Christus

Viele Menschen verwechseln Religion mit Erlösung. Du kannst jede Woche im Gottesdienst sitzen, eine Bibel im Regal haben und dennoch geistlich tot sein. Jesus sagte sehr deutlich:

> „Nicht jeder, der zu mir sagt: Herr, Herr!, wird in das Reich der Himmel kommen, sondern nur der, der den Willen meines Vaters im Himmel tut."
> *(Matthäus 7,21 SLT)*

Der Wille des Vaters ist, dass du seinen Sohn annimmst, als Retter, als Herrn, als Mittelpunkt deines Lebens. Diese Entscheidung ist nicht nur ein Gebet oder ein Moment der Emotion. Sie ist eine völlige Übergabe deines Lebens an ihn, ein neuer Weg, auf dem er die Führung übernimmt.

Paulus schreibt:

> „Ihr aber seid nicht im Fleisch, sondern im Geist, wenn wirklich der Geist Gottes in euch wohnt. Wenn aber jemand den Geist Christi

nicht hat, der gehört ihm nicht."
(Römer 8,9 SLT)

Das bedeutet: Ohne den Heiligen Geist, den Jesus denen schenkt, die zu ihm gehören, kannst du nicht sein Eigentum sein, und ohne dieses Siegel seines Geistes wirst du bei der Entrückung nicht mitgenommen.

1.3.3 Falsche Annahmen und Missverständnisse über den Glauben

Es gibt viele Gründe, warum Menschen dachten, sie seien bereit, und es dann doch nicht waren:

- **„Ich bin ein guter Mensch."**
  Aber die Bibel sagt: „Da ist keiner, der gerecht ist, auch nicht einer." *(Römer 3,10 SLT)* Gute Werke retten dich nicht – nur das Blut Jesu kann deine Schuld tilgen.
- **„Ich habe Zeit, später zu glauben."**
  Doch Jesus warnte: „Darum seid auch ihr bereit! Denn der Sohn des Menschen kommt zu einer Stunde, da ihr es nicht meint." *(Matthäus 24,44 SLT)* Niemand weiß, wann der Moment kommt – und nun ist er bereits geschehen.
- **„Ich gehöre zu einer Kirche, also bin ich sicher."**
  Aber Gemeindezugehörigkeit ist kein Freifahrtschein. Die Frage ist nicht, ob dein Name im Mitgliederverzeichnis einer Kirche steht, sondern ob er im Buch des Lebens geschrieben ist *(Offenbarung 20,15 SLT)*.

Die Entrückung trennt die, die wirklich zu Christus gehören, von denen, die nur dachten, sie täten es. Und wenn du dieses

Kapitel liest, bedeutet das, dass du jetzt vor einer zweiten Chance stehst – vielleicht der letzten in deinem Leben.

1.4 Kapitel 4 – Was wird als Nächstes passieren?

1.4.1 Beginn der großen Trübsal

Du befindest dich nun in einer Zeit, die Jesus selbst „die große Drangsal" genannt hat, eine Epoche, die schlimmer sein wird als jede Krise in der gesamten Menschheitsgeschichte.
Er sagte:

> „Denn dann wird große Drangsal sein, wie sie von Anfang der Welt bis jetzt nicht gewesen ist und auch nicht mehr sein wird."
> *(Matthäus 24,21 SLT)*

Die Entrückung hat die Welt in Chaos gestürzt: Regierungen sind destabilisiert, Familien zerrissen, Gesellschaften zerrüttet. Doch dies ist nur der Anfang. Die Bibel beschreibt in der Offenbarung eine Serie von Gerichten, die Gott über die Erde kommen lässt, Siegelgerichte, Posaunengerichte und schließlich die Schalen des Zorns. Jedes einzelne wird die Erde erschüttern.

1.4.2 Globale politische und wirtschaftliche Veränderungen

Inmitten des Chaos wird ein charismatischer Führer auftauchen, der Antichrist. Er wird sich als Friedensstifter und Problemlöser präsentieren. Die Menschen, verängstigt und erschöpft, werden bereit sein, ihm ihre Loyalität zu schenken.

Er wird ein globales politisches und wirtschaftliches System aufbauen, das jeden Menschen kontrollieren kann.

Offenbarung 13,16–17 beschreibt diese totale Kontrolle:

> „Und es bewirkte, dass allen, den Kleinen und den Großen, den Reichen und den Armen, den Freien und den Sklaven, ein Malzeichen gegeben wurde auf ihre rechte Hand oder auf ihre Stirn, und dass niemand kaufen oder verkaufen kann als nur der, welcher das Malzeichen hat."

Das bedeutet: Ohne dieses Zeichen wirst du nicht einmal Grundnahrungsmittel erwerben können. Dieses System wird als notwendige Maßnahme zur Wiederherstellung von Ordnung verkauft werden, aber in Wirklichkeit ist es ein Werkzeug, um Anbetung und Loyalität zum Antichristen zu erzwingen.

1.4.3 Kriege, Naturkatastrophen und Verfolgung

Die Illusion von Frieden wird nicht lange halten. Schon bald werden Spannungen zwischen Nationen zu offenen Kriegen führen. Naturkatastrophen, Erdbeben, Seuchen, extreme Wetterphänomene – werden die Not noch verschärfen. Hungersnöte und Seuchen fordern Millionen Tote.

In dieser Zeit wird jeder, der Jesus nachfolgt, als Staatsfeind angesehen. Christen werden verfolgt, inhaftiert und oft hingerichtet. Die Worte Jesu in Johannes 16,33 werden dann eine tiefe Bedeutung für dich haben:

> „In der Welt habt ihr Bedrängnis; aber seid getrost, ich habe die Welt überwunden."

Diese Bedrängnis wird real, hart und tödlich sein. Aber sie ist nicht das Ende. Die Bibel verspricht, dass all dies zu einem Ziel führt: der Wiederkunft Jesu Christi als König und Richter. Bis dahin wird die Welt durch die größte geistliche und physische Erschütterung ihrer Geschichte gehen.

1.5 Kapitel 5 – Der Aufstieg des Antichristen

1.5.1 Sein charismatisches Auftreten und weltweiter Einfluss

Die Welt wird in der Zeit nach der Entrückung in Chaos und Verzweiflung versinken. Regierungen zerfallen, Menschen verlieren Hoffnung, und jeder sucht nach einer starken Hand, die Ordnung bringt. Genau in diesem Moment wird er auftreten, der Antichrist.

Er wird nicht als brutaler Diktator beginnen, sondern als ein charismatischer, sympathischer Führer, der scheinbar Antworten auf alle Probleme hat. Mit geschickten Reden und einer Aura von Autorität wird er die Herzen der Menschen gewinnen. Er wird sich als Friedensbringer präsentieren, Konflikte zwischen Nationen schlichten und eine globale Einheit anstreben.

> „Und es wurde ihm ein Mund gegeben, der große Dinge und Lästerungen redete; und es wurde ihm Macht gegeben, dies 42 Monate lang zu tun."
> *(Offenbarung 13,5 SLT)*

Sein Einfluss wird sich schnell auf die ganze Welt ausbreiten. Medien, Politik und selbst religiöse Führer werden seine Worte verbreiten. Er wird wie ein Messias erscheinen, aber er ist der größte Betrüger der Menschheitsgeschichte.

1.5.2 Politische, religiöse und wirtschaftliche Kontrolle

Der Antichrist wird nicht nur ein politischer Herrscher sein. Er wird ein umfassendes System der Kontrolle errichten, das alle Lebensbereiche betrifft:

- **Politisch:** Er wird eine weltweite Regierung aufbauen, in der er die oberste Autorität hat. Nationale Souveränität wird verschwinden.
- **Religiös:** Er wird die Anbetung fordern und sich selbst als göttlich darstellen. Jeder, der sich weigert, wird verfolgt.
- **Wirtschaftlich:** Ohne seine Zustimmung, symbolisiert durch das Malzeichen des Tieres, wird niemand kaufen oder verkaufen können.

> „Der Widersacher, der sich über alles erhebt, was Gott oder Heiligtum heißt, sodass er sich in den Tempel Gottes setzt und sich ausgibt, er sei Gott."
> *(2. Thessalonicher 2,4 SLT)*

Was als Rettung für die Menschheit erscheint, wird sich als Falle erweisen. Die Menschen werden ihre Freiheit für Sicherheit aufgeben – und damit ihre Seele in Gefahr bringen.

1.5.3 Die Verführung der Massen

Der Antichrist wird nicht nur durch Politik und Macht überzeugen, sondern auch durch übernatürliche Zeichen und

Wunder, nicht von Gott, sondern aus der Finsternis. Er wird Heilungen vortäuschen, Feuer vom Himmel fallen lassen und scheinbar Unmögliches tun, um die Massen zu täuschen.

> „Und es tut große Zeichen, sodass es sogar Feuer vom Himmel auf die Erde herabfallen lässt vor den Menschen."
> *(Offenbarung 13,13 SLT)*

Viele werden ihm folgen, weil sie lieber das sehen, was ihre Augen beeindruckt, als der Wahrheit zu glauben, die sie herausfordert. Es wird eine Zeit sein, in der Lügen süßer klingen als Wahrheit, und nur die, die tief in Gottes Wort verwurzelt sind, werden den Unterschied erkennen.

1.6 Kapitel 6 – Das Malzeichen des Tieres

1.6.1 Biblische Bedeutung und Symbolik

Das Malzeichen des Tieres ist eines der bekanntesten Symbole der Endzeit. Die Bibel beschreibt es in der Offenbarung als eine zwingende Bedingung, um in der Weltwirtschaft teilzunehmen. Doch es ist weit mehr als nur ein technisches System, es ist ein geistliches Siegel.

> „Und es bewirkte, dass allen, den Kleinen und den Großen, den Reichen und den Armen, den Freien und den Sklaven, ein Malzeichen gegeben wurde auf ihre rechte Hand oder auf ihre Stirn, und dass niemand kaufen oder verkaufen kann als nur der, welcher das Malzeichen hat, den Namen des Tieres oder die

> Zahl seines Namens.“
> *(Offenbarung 13,16–17 SLT)*

Die rechte Hand steht symbolisch für Handeln und Arbeit, die Stirn für Denken und Überzeugung. Wer das Malzeichen annimmt, erklärt damit nicht nur äußerlich seine Zugehörigkeit zum System des Antichristen, er bekennt sich innerlich zu ihm und lehnt Gott bewusst ab.

1.6.2 Technologische Möglichkeiten der Umsetzung

Zur Zeit der Apostel war es unvorstellbar, wie so ein System weltweit umgesetzt werden könnte. Heute, in einer Welt von bargeldlosem Bezahlen, digitaler Identität und biometrischer Erfassung, erscheint es erschreckend realistisch.

Es könnte sein:

- ein **Mikrochip**, implantiert unter die Haut
- ein **biometrischer Scan** von Hand oder Gesicht
- eine **digitale Währung**, die nur mit autorisierter Identität genutzt werden kann
- ein **QR- oder Nanocode**, unsichtbar für das bloße Auge, aber maschinenlesbar

Was als bequeme Innovation oder notwendige Sicherheitsmaßnahme verkauft wird, ist in Wirklichkeit ein Werkzeug, um die Loyalität zum Antichristen zu sichern.

1.6.3 Geistliche und ewige Konsequenzen

Die Annahme des Malzeichens ist nicht nur eine wirtschaftliche Entscheidung, sie ist eine geistliche. Sie bedeutet, den Antichristen anzubeten und sich von Gott abzukehren.

Die Bibel warnt mit größter Schärfe:

> „Wenn jemand das Tier anbetet und sein Bild und das Malzeichen auf seiner Stirn oder auf seiner Hand empfängt, wird auch er von dem Wein des Zorns Gottes trinken, der unvermischt eingeschenkt ist in den Kelch seines Zorns, und wird mit Feuer und Schwefel gequält werden vor den heiligen Engeln und vor dem Lamm."
> *(Offenbarung 14,9–10 SLT)*

Es wird keinen Weg zurück geben, wenn du das Malzeichen annimmst. Es ist eine unwiderrufliche Entscheidung, eine, die nicht nur dein irdisches Leben betrifft, sondern deine Ewigkeit.

Deshalb musst du jetzt wissen: Lieber Hunger und Verfolgung ertragen, als ewige Trennung von Gott zu riskieren. Lieber den Verlust des Lebens, als den Verlust deiner Seele.

Kapitel 7 – Wie kann ich mich noch retten?

Die Entrückung ist geschehen. Du bist zurückgeblieben. Die Welt, wie du sie kanntest, existiert nicht mehr. Aber so hoffnungslos die Lage auch erscheinen mag, es gibt noch einen Weg zur Rettung. Er ist steil, schmal und gefährlich, doch er führt in die Ewigkeit bei Gott.

7.1 Umkehr zu Jesus Christus

Der erste Schritt ist die Umkehr, in der Bibel „Buße" genannt. Das bedeutet, dass du deine Sünde erkennst, sie vor Gott bekennst und dich entschließt, nicht länger deinen eigenen Weg zu gehen, sondern Jesus Christus zu folgen.

„Wenn du mit deinem Munde bekennst: ‚Jesus ist der Herr!', und in deinem Herzen glaubst, dass Gott ihn von den Toten auferweckt hat, so wirst du gerettet."
(Römer 10,9 SLT)

Diese Entscheidung ist kein Ritual und keine bloße Wiederholung eines Gebets. Sie ist ein radikaler Neuanfang, der dich von Grund auf verändert. Du wirst erkennen, dass Jesus nicht nur ein Lehrer oder Prophet ist, sondern der Sohn Gottes, der für deine Schuld gestorben ist.

7.2 Der Preis des Glaubens in der Endzeit

Es wäre eine Lüge zu behaupten, dass die Nachfolge Jesu in dieser Zeit leicht wäre. Jetzt, da das Zeitalter der Gnade, wie wir es kannten, vorüber ist, wird der Preis für den Glauben hoch sein, oft bis zum Tod.

Du wirst vielleicht dein Zuhause verlieren, deine Arbeit, deine Freiheit und sogar dein Leben. Jesus hat seine Jünger darauf vorbereitet:

„Wer sein Leben liebt, wird es verlieren; wer aber sein Leben in dieser Welt hasst, wird es zum ewigen Leben bewahren."

(Johannes 12,25 SLT)

In dieser Zeit bedeutet das: Lieber sterben, als das Malzeichen des Tieres anzunehmen. Lieber alles verlieren, als Christus zu verleugnen.

7.3 Geistliche Waffen für den Überlebenskampf

Du wirst geistlich ausgerüstet sein müssen, um in dieser Zeit standzuhalten. Die Bibel spricht in Epheser 6,11–18 von der „Waffenrüstung Gottes“: Wahrheit, Gerechtigkeit, das Evangelium des Friedens, der Schild des Glaubens, der Helm des Heils und das Schwert des Geistes, das Wort Gottes.

Tägliches Gebet: Sprich mit Gott über deine Angst, deine Entscheidungen, deine Schritte.
Bibelkenntnis: Lerne wichtige Verse auswendig, denn die Bibel könnte bald verboten werden.
Gemeinschaft mit anderen Gläubigen: Allein zu kämpfen ist gefährlich. Suche dir Brüder und Schwestern, mit denen du dich im Glauben stärkst.

„Seid nüchtern und wacht; denn euer Widersacher, der Teufel, geht umher wie ein brüllender Löwe und sucht, wen er verschlingen kann.“
(1. Petrus 5,8 SLT)

Du kannst gerettet werden, auch jetzt, aber nur, wenn du dich klar und kompromisslos auf die Seite Jesu stellst. Er ist der einzige Weg, die Wahrheit und das Leben.

1.8 Kapitel 8 – Praktisches Überleben in der großen Trübsal

Die große Trübsal wird nicht nur eine geistliche Prüfung sein, sondern auch ein Kampf ums nackte Überleben. Wer das Malzeichen des Tieres ablehnt, wird nicht mehr legal kaufen oder verkaufen können. Nahrung, Wasser, Medizin, all das wird zur Herausforderung. In dieser Zeit musst du lernen, körperlich wie geistlich zu bestehen.

1.8.1 Schutz vor Verfolgung

Christen werden in dieser Zeit zu den meistgesuchten Menschen auf der Erde gehören. Die Überwachung wird flächendeckend sein, durch Kameras, Drohnen, digitale Erfassungssysteme und menschliche Spitzel.

In der Bibel lesen wir, dass selbst Familienmitglieder einander verraten werden (Markus 13,12). Deshalb musst du vorsichtig sein, wem du vertraust.

- Meide öffentliche Orte, an denen deine Identität leicht überprüft werden kann.
- Verlasse dich nicht auf elektronische Geräte, die deinen Standort verraten können.
- Sei bereit, schnell den Ort zu wechseln, wenn Gefahr droht.

Gott hat schon oft sein Volk in der Not verborgen, so wie Elia am Bach Krit versteckt wurde (1. Könige 17,3–6). Er kann auch dir Schutz gewähren, aber er erwartet, dass du wachsam bist.

1.8.2 Gemeinschaft mit anderen Gläubigen

Allein zu überleben ist fast unmöglich, geistlich wie körperlich. Die erste Gemeinde im Neuen Testament ist ein Beispiel: Sie hielten zusammen, teilten alles und ermutigten einander im Glauben (Apostelgeschichte 2,44–47).

In der Trübsal wird es Untergrundkirchen geben, kleine, geheime Versammlungen von Gläubigen. Dort wird man flüstern statt laut predigen, bei Kerzenschein beten statt mit Lautsprechern, und Bibelverse auswendig weitergeben, weil gedruckte Bibeln Mangelware sein werden.

Diese Gemeinschaft wird deine Lebensader sein. Sie wird dir Kraft geben, wenn du schwach bist, und Mut, wenn die Angst dich packt.

1.8.3 Versorgung ohne das Malzeichen

Ohne das Malzeichen wirst du keine Lebensmittel, kein Wasser, keine medizinische Hilfe auf normalem Weg bekommen. Deshalb ist es weise, so früh wie möglich Vorräte anzulegen und alternative Versorgungswege zu kennen.

- **Wasser**: Lerne, es zu filtern und aus natürlichen Quellen zu sammeln.
- **Nahrung**: Sammle haltbare Lebensmittel, lerne essbare Pflanzen zu erkennen.
- **Medizin**: Halte eine kleine Apotheke bereit und lerne einfache Naturheilmethoden.

Denke daran: Gott versorgte sein Volk Israel 40 Jahre lang in der Wüste mit Manna. Er kann auch dich versorgen, manchmal auf übernatürliche Weise, manchmal durch praktische Vorbereitung.

> „Mein Gott aber wird allen euren Mangel ausfüllen nach seinem Reichtum in Herrlichkeit in Christus Jesus."
> *(Philipper 4,19 SLT)*

Dein Überleben wird in dieser Zeit nicht nur von deinen Vorräten abhängen, sondern vor allem von deinem Glauben. Der Herr wird dein Versorger sein, und er wird dich nicht verlassen, solange du ihm treu bleibst.

1.9 Kapitel 9 – Wie kann ich andere retten?

Wenn du in dieser Zeit zu Jesus gefunden hast, weißt du, wie kostbar diese Entscheidung ist. Du weißt auch, wie schwer es war, sie zu treffen. Millionen Menschen um dich herum sind noch immer gefangen in Angst, Verwirrung und Lügen. Und auch wenn es dich dein Leben kosten könnte, Gott ruft dich, anderen den Weg zur Wahrheit zu zeigen.

1.9.1 Evangelisation unter Gefahr

In der großen Trübsal wird die Verbreitung des Evangeliums ein lebensgefährlicher Auftrag sein. Der Antichrist wird jede Form christlicher Verkündigung verbieten. Wer den Namen Jesu öffentlich bekennt, riskiert Verhaftung, Folter und Tod.

Doch gerade dann wird deine Stimme gebraucht. Vielleicht kannst du nicht mehr auf öffentlichen Plätzen predigen, aber du kannst in einem leisen Gespräch, in einem geteilten Bibelvers oder in einer persönlichen Geschichte von Gottes Rettung Zeugnis geben.

Jesus sagte:

> „Darum geht und macht zu Jüngern alle Völker… und siehe, ich bin bei euch alle Tage bis an das Ende der Weltzeit.“
> *(Matthäus 28,19–20 SLT)*

Sei bereit, in kleinen Schritten zu wirken, manchmal kann ein geflüstertes „Jesus liebt dich“ in einer dunklen Stunde mehr bewirken als eine große Predigt.

1.9.2 Geheime Hausversammlungen und Untergrundkirchen

Die Gemeinde wird nicht aufhören zu existieren, auch wenn sie in den Untergrund gedrängt wird. Kleine Gruppen werden sich heimlich treffen, in Kellern, Wäldern, verlassenen Gebäuden. Dort wird man gemeinsam beten, Gottes Wort lesen und sich gegenseitig ermutigen.

Solche Treffen gab es schon in Zeiten der römischen Christenverfolgung, in kommunistischen Regimen oder in Ländern, in denen Glaube verboten ist. Jetzt werden sie weltweit Realität.

Halte diese Gemeinschaft geheim, um nicht unnötig Gefahr auf dich und andere zu ziehen. Aber halte sie am Leben, denn sie ist geistliche Nahrung für alle, die ausharren wollen.

1.9.3 Der Mut zum Zeugnis

Mut bedeutet in dieser Zeit nicht die Abwesenheit von Angst, sondern die Entscheidung, das Richtige zu tun, auch wenn es dich alles kostet. Du wirst vielleicht vor der Wahl stehen: Schweigen und überleben, oder reden und sterben.

Jesus macht klar, was auf dem Spiel steht:

> „Wer mich aber vor den Menschen verleugnet, den werde auch ich vor meinem Vater im Himmel verleugnen."
> *(Matthäus 10,33 SLT)*

Dein Zeugnis kann der Schlüssel sein, der das Herz eines Menschen für die Ewigkeit öffnet. Und auch wenn es dein Leben kostet, dein Lohn wird größer sein als alles, was du hier auf Erden verlieren könntest.

1.10 Kapitel 10 – Wie erkenne ich die falschen Wunder?

In der großen Trübsal wird die Täuschung nicht nur durch Lügen und Propaganda geschehen, sondern auch durch spektakuläre Zeichen und Wunder. Der Antichrist und der falsche Prophet werden übernatürliche Phänomene inszenieren, um Menschen zu verführen und von der Wahrheit wegzuführen.

1.10.1Täuschungen des Antichristen und falscher Propheten

Die Bibel warnt deutlich:

„Und es tut große Zeichen, sodass es sogar Feuer vom Himmel auf die Erde herabfallen lässt vor den Menschen. Und es verführt die, welche auf der Erde wohnen, durch die Zeichen…“
(Offenbarung 13,13–14 SLT)

Diese Wunder werden nicht von Gott kommen, auch wenn sie so aussehen. Sie werden dazu dienen, den Antichristen als „Retter“ zu bestätigen. Menschen, die nur auf das Sichtbare achten, werden glauben, dass er von Gott gesandt ist, und damit in die Falle gehen.

Die falschen Propheten dieser Zeit werden predigen, dass der Antichrist der Messias ist. Sie werden seine Machttaten feiern und jeden angreifen, der es wagt, ihn zu hinterfragen.

1.10.2Geistliche Unterscheidungskraft entwickeln

In dieser Zeit wird es lebensnotwendig sein, die Gabe der Unterscheidung zu besitzen. Sie ist kein Talent, das man sich schnell aneignen kann, sondern ein Geschenk des Heiligen Geistes, das durch Gebet, Bibelstudium und Gehorsam gegenüber Gott wächst.

Frage dich bei jedem „Wunder“:

- Führt es zur Anbetung Jesu Christi oder zu einem Menschen?
- Stimmt es mit der Bibel überein oder widerspricht es Gottes Wort?
- Welche Frucht bringt es hervor, Liebe, Wahrheit, Heiligkeit oder Stolz, Kontrolle und Lüge?

Johannes schreibt: „Geliebte, glaubt nicht jedem Geist, sondern prüft die Geister, ob sie aus Gott sind; denn viele falsche Propheten sind in die Welt hinausgegangen.“ *(1. Johannes 4,1 SLT)*

1.10.3Festhalten an der biblischen Wahrheit

Die Bibel ist in dieser Zeit dein sicherster Kompass. Falsche Wunder werden dich nicht täuschen können, wenn du das Original so gut kennst, dass jede Fälschung auffällt.

Halte fest an dem, was Gott in seinem Wort gesagt hat, auch wenn es dich isoliert, verspottet oder verfolgt macht. Lass dich nicht von dem beeindrucken, was deine Augen sehen, sondern prüfe alles im Licht der Schrift.

Jesus warnte:

> „Denn es werden falsche Christusse und falsche Propheten auftreten und werden große Zeichen und Wunder tun, um, wenn möglich, auch die Auserwählten zu verführen.“
> *(Matthäus 24,24 SLT)*

Nur wer tief verwurzelt ist in Gottes Wahrheit, wird diesen Täuschungen widerstehen können.

1.11 Kapitel 11 – Der Märtyrertod als Weg zur Erlösung

In der Zeit der großen Trübsal wird es für viele Gläubige keinen sicheren Ort mehr geben. Die Ablehnung des Malzeichens wird unweigerlich dazu führen, dass man verfolgt, verhaftet und getötet wird. Für unzählige Christen wird der Weg der Treue zu Christus direkt zum Märtyrertod führen.

1.11.1Biblische Beispiele für Treue bis in den Tod

Die Bibel ist voll von Männern und Frauen, die bereit waren, ihr Leben für Gott zu opfern. Stephanus, der erste christliche Märtyrer, predigte die Wahrheit über Jesus, selbst als Steine ihn trafen (Apostelgeschichte 7). Daniel und seine Freunde weigerten sich, falsche Götter anzubeten, und vertrauten Gott selbst angesichts des Todes (Daniel 3 und 6).

In der Offenbarung wird eine große Schar beschrieben, die ihr Leben in der Trübsal gegeben hat:

> „Und ich sah die Seelen derer, die um des Zeugnisses Jesu und um des Wortes Gottes willen enthauptet worden waren und die das Tier nicht angebetet noch sein Bild, und das Malzeichen nicht angenommen hatten.“
> *(Offenbarung 20,4 SLT)*

Diese Menschen haben ihre Treue zu Christus höher geschätzt als ihr eigenes Leben.

1.11.2Ermutigung für Verfolgte

Der Gedanke, für den Glauben zu sterben, ist erschreckend. Aber Jesus selbst ermutigt:

> „Fürchte dich nicht vor dem, was du leiden wirst! Siehe, der Teufel wird etliche von euch ins Gefängnis werfen… Sei getreu bis in den Tod, so will ich dir die Krone des Lebens

> geben.“
> *(Offenbarung 2,10 SLT)*

Dein Tod wird nicht vergeblich sein. Er wird ein mächtiges Zeugnis für andere sein, dass Jesus es wert ist, alles zu geben. Und in dem Moment, in dem dein irdisches Leben endet, wirst du in die Herrlichkeit seines Reiches eintreten.

1.11.3Himmlischer Lohn für Märtyrer

Gott hat für die Treuen, die ihr Leben für ihn geben, einen besonderen Lohn vorbereitet. Sie werden in seiner Gegenwart regieren und eine besondere Ehre empfangen, die nur denen zuteilwird, die standhaft geblieben sind.

> „Selig sind die Toten, die im Herrn sterben von nun an. Ja, spricht der Geist, sie sollen ruhen von ihren Mühen; denn ihre Werke folgen ihnen nach.“
> *(Offenbarung 14,13 SLT)*

Der Märtyrertod ist kein Ende, sondern ein Durchgangstor, hinaus aus einer Welt voller Schmerz und Finsternis, hinein in das ewige Licht Gottes.

Kapitel 12 – Der Sieg der Märtyrer

In den Augen dieser Welt ist der Tod das Ende. Für die, die in Christus sterben, besonders in Zeiten der Verfolgung, ist er jedoch der größte Sieg. Der Märtyrertod bedeutet nicht Niederlage, sondern Triumph über Sünde, Satan und das System des Antichristen.

12.1 Der Triumph über den Antichristen

Der Antichrist mag Macht über deinen Körper haben, aber niemals über deine Seele. Jeder, der sich weigert, ihn anzubeten oder sein Malzeichen anzunehmen, widersetzt sich seiner Herrschaft, und bezeugt damit, dass Jesus der wahre König ist.

„Und sie haben ihn überwunden um des Blutes des Lammes und um des Wortes ihres Zeugnisses willen, und sie haben ihr Leben nicht geliebt bis hin zum Tod.“ (Offenbarung 12,11 SLT)

Jede standhafte Entscheidung gegen den Antichristen ist eine Niederlage für sein Reich der Lüge. Dein Widerstand ist Teil des endgültigen Sturzes seiner Macht.

12.2 Ewiges Leben bei Christus

Der Tod eines Märtyrers ist nur ein Augenblick, das, was danach kommt, ist ewig. Paulus schrieb:

„Denn ich halte dafür, dass die Leiden der jetzigen Zeit nicht ins Gewicht fallen gegenüber der Herrlichkeit, die an uns offenbart werden soll.“

(Römer 8,18 SLT)

In dem Moment, in dem dein irdisches Leben endet, wirst du in die Gegenwart Jesu treten. Kein Leid, keine Angst, keine Tränen, nur Frieden, Freude und ewige Gemeinschaft mit Gott.

12.3 Die Herrschaft mit Christus im tausendjährigen Reich

Die Bibel verheißt den Märtyrern eine besondere Ehre: Sie werden mit Christus herrschen, wenn er sein Reich aufrichtet.

„Sie wurden lebendig und regierten mit Christus tausend Jahre."

(Offenbarung 20,4 SLT)

Dein Opfer in der Trübsal wird nicht nur mit ewigem Leben belohnt, sondern auch mit Verantwortung und Herrlichkeit im Reich Christi. Dein Leiden hier wird zu einem ewigen Ehrenzeichen in Gottes Reich.

1.12 Kapitel 13 – Das zweite Kommen Jesu Christi

Die große Trübsal erreicht ihren Höhepunkt. Das Böse scheint unaufhaltsam, der Antichrist herrscht in Macht, und die Erde ist erschöpft von Kriegen, Naturkatastrophen und Leiden. Doch dann geschieht das, worauf alle treuen Gläubigen gewartet haben: Jesus Christus kehrt zurück – nicht im Verborgenen, sondern in Herrlichkeit und Macht.

1.13 1 Biblische Ankündigungen

Die Bibel hat das zweite Kommen Jesu Christi klar und unmissverständlich vorausgesagt.

> „Und sie werden den Sohn des Menschen kommen sehen auf den Wolken des Himmels mit großer Kraft und Herrlichkeit."
> *(Matthäus 24,30 SLT)*

> „Und ich sah den Himmel geöffnet; und siehe, ein weißes Pferd, und der darauf saß, heißt: Treu

> und Wahrhaftig, und er richtet und kämpft in Gerechtigkeit."
> *(Offenbarung 19,11 SLT)*

Dieses Kommen wird für die Gläubigen die Erfüllung aller Hoffnungen sein, für die Gottlosen jedoch der Beginn des Gerichts.

1.13 2 Gericht über die Nationen

Wenn Jesus wiederkommt, wird er nicht nur die Herrschaft des Antichristen beenden, sondern auch Gericht über die Völker halten. In Matthäus 25 beschreibt er, wie er die „Schafe" von den „Böcken" trennt, diejenigen, die ihm treu waren, von denen, die ihn ablehnten.

> „Denn er muss herrschen, bis er alle Feinde unter seine Füße gelegt hat."
> *(1. Korinther 15,25 SLT)*

Der Antichrist, der falsche Prophet und all jene, die das Malzeichen annahmen, werden gerichtet. Ihre Herrschaft endet in einem Augenblick, und der Herr setzt sein Reich auf, in dem Gerechtigkeit und Frieden regieren.

1.13 3 Beginn des Friedensreiches

Nach dem Gericht wird Jesus sein tausendjähriges Reich aufrichten, eine Zeit des wahren Friedens, wie die Welt ihn nie gekannt hat. Die Waffen werden niedergelegt, die Erde wird erneuert, und die Nationen werden in Gerechtigkeit regiert.

> „Und er wird richten unter den Nationen und zurechtweisen viele Völker. Da werden sie ihre

> Schwerter zu Pflugscharen schmieden und ihre Spieße zu Winzermessern; kein Volk wird mehr das Schwert gegen das andere erheben, und sie werden den Krieg nicht mehr lernen."
> *(Jesaja 2,4 SLT)*

Für die Märtyrer und alle Treuen bedeutet dies: Sie werden mit Christus regieren, frei von Angst, Schmerz und Tod.

1.14 Kapitel 14 – Das ewige Reich Gottes

Nach dem tausendjährigen Friedensreich folgt der endgültige und herrlichste Teil von Gottes Plan: die Ewigkeit in seiner vollkommenen Gegenwart. Dies ist das Ziel, auf das sich alle Verheißungen, alle Hoffnungen und alle Kämpfe hingezogen haben, das ewige Reich Gottes, in dem kein Leid, kein Tod und keine Tränen mehr existieren.

1.14.1Die neue Erde und der neue Himmel

Johannes beschreibt in der Offenbarung, was nach dem letzten Gericht geschieht:

> „Und ich sah einen neuen Himmel und eine neue Erde; denn der erste Himmel und die erste Erde waren vergangen, und das Meer ist nicht mehr."
> *(Offenbarung 21,1 SLT)*

Die Schöpfung, die durch Sünde und Tod verdorben war, wird vollkommen erneuert. Es wird keine Zerstörung, keine Umweltkatastrophen, keine Krankheit mehr geben. Alles wird rein, herrlich und unvergänglich sein – so, wie Gott es ursprünglich vorgesehen hatte.

1.14.2Ewige Gemeinschaft mit Gott

Das größte Geschenk des ewigen Reiches ist nicht die Schönheit der neuen Schöpfung, sondern die unmittelbare Gemeinschaft mit Gott selbst. Johannes beschreibt es so:

> „Siehe, das Zelt Gottes bei den Menschen! Und er wird bei ihnen wohnen, und sie werden seine Völker sein, und Gott selbst wird bei ihnen sein, ihr Gott."
> *(Offenbarung 21,3 SLT)*

Kein Glaube mehr, der auf Hoffnung gründet, wir werden ihn sehen, wie er ist. Wir werden ewig in seiner Gegenwart leben, ohne Trennung, ohne Angst, ohne Zweifel.

1.14.3Kein Leid, kein Tod, keine Tränen mehr

Alle Spuren von Schmerz und Verlust werden für immer ausgelöscht:

> „Und Gott wird abwischen alle Tränen von ihren Augen; und der Tod wird nicht mehr sein, noch Leid noch Geschrei noch Schmerz wird mehr sein; denn das Erste ist vergangen."
> *(Offenbarung 21,4 SLT)*

Keine Gräber, keine Abschiede, keine gebrochenen Herzen mehr. Die Ewigkeit wird erfüllt sein von unendlicher Freude, ungetrübtem Frieden und der Herrlichkeit Gottes, die alles überstrahlt.

1.15 Kapitel 15 – Fazit

Dieses Buch ist nicht geschrieben worden, um Angst zu machen, sondern um zu warnen, und um Hoffnung zu gebe und um eine Hilfe zu sein. Die Ereignisse der Endzeit werden furchterregend sein, doch Gottes Zusagen bleiben wahr. Die Entscheidung, die du jetzt triffst, wird über deine Ewigkeit bestimmen.

1.15.1Hoffnung in der Endzeit

Selbst in den dunkelsten Stunden der Menschheitsgeschichte wird Gottes Licht nicht ausgelöscht. Er hat versprochen, bei den Seinen zu bleiben, sie zu stärken und zu trösten.

> „Der HERR ist meine Stärke und mein Schild;
> auf ihn hat mein Herz vertraut, und mir ist
> geholfen worden."
> *(Psalm 28,7 SLT)*

Hoffnung bedeutet nicht, dass die Umstände leicht werden, sondern dass du weißt, dass Gott das letzte Wort spricht.

1.15.2Deine letzte Chance zur Erlösung

Wenn du diese Zeilen liest und die Entrückung noch nicht geschehen ist, ist jetzt die Zeit, dein Leben Jesus Christus zu geben. Wenn du sie in der Trübsal liest, ist es vielleicht deine letzte Gelegenheit. Die Bibel ruft dich auf:

> „Denn er spricht: ‚Zur angenehmen Zeit habe
> ich dich erhört, und am Tag des Heils habe ich
> dir geholfen.' Siehe, jetzt ist die angenehme

> Zeit, siehe, jetzt ist der Tag des Heils!“
> *(2. Korinther 6,2 SLT)*

Erlösung ist ein Geschenk, aber es muss angenommen werden, bevor es zu spät ist.

1.15.3Gottes Kraft in der Verfolgung

Vielleicht wirst du verfolgt. Vielleicht wirst du verlieren, was dir auf dieser Erde lieb und teuer ist. Aber Gottes Kraft ist in deiner Schwachheit vollkommen.

> „Meine Gnade genügt dir, denn meine Kraft wird in Schwachheit vollbracht.“
> *(2. Korinther 12,9 SLT)*

Kapitel 16 – Ausharren bis ans Ende und der Blick auf die Ewigkeit

16.1 Du bist wiedergeboren, und liest dieses Buch noch vor der Entrückung; dann halte fest an deiner Identität in Christus

Vielleicht zweifelst du manchmal, ob dein Glaube stark genug ist. Vielleicht kämpfst du mit Schwächen, Schuldgefühlen oder Anklagen des Feindes. Doch wenn du dein Leben wajrlich Jesus übergeben hast, Busse getan hast, dann bist du von Neuem geboren und eretttet

„Meine Schafe hören meine Stimme, und ich kenne sie, und sie folgen mir; und ich gebe ihnen ewiges Leben, und sie werden in Ewigkeit nicht verloren gehen, und niemand wird sie aus meiner Hand reißen." (Johannes 10,27–28)

Halte daran fest: Du bist ein Kind Gottes. Deine Wiedergeburt ist nicht das Ergebnis deiner Gefühle, sondern ein Werk des Heiligen Geistes. Auch wenn deine Umstände dunkel erscheinen, nichts und niemand kann dich aus der Hand Jesu reißen.

16.2 Dein Ausharren in Kämpfen und Trübsal

Jesus hat dir nicht ein bequemes Leben versprochen, sondern er hat dich vorbereitet:

„In der Welt habt ihr Bedrängnis; aber seid getrost, ich habe die Welt überwunden." (Johannes 16,33)

Ausharren bedeutet, Jesus treu zu bleiben, auch wenn du ausgelacht, angefeindet oder unter Druck gesetzt wirst. Es bedeutet, im Glauben zu stehen, auch wenn Tränen fließen.

Paulus schrieb seine ermutigenden Briefe im Gefängnis. Hiob verlor alles, aber er sagte: „Der HERR hat's gegeben, der HERR hat's genommen; der Name des HERRN sei gelobt." Stephanus bekannte Jesus selbst im Angesicht des Todes.

Wenn sie treu blieben, kannst auch du standhalten, durch die Kraft des Heiligen Geistes.

16.3 Richte deinen Blick auf die Ewigkeit

Alles Sichtbare ist nur zeitlich. Dein wahres Zuhause ist nicht diese Erde, sondern die Ewigkeit bei Gott.

„Denn das schnell vorübergehende Leichte unserer Bedrängnis bewirkt uns eine ewige und über alle Maßen gewichtige Herrlichkeit." (2. Korinther 4,17)

Mach es dir zur Gewohnheit, jeden Tag bewusst an die Ewigkeit zu denken. Wenn Sorgen dich bedrücken, erinnere dich: Alles Leid hier ist nur für eine kurze Zeit, deine Herrlichkeit dort wird ewig sein.

16.4 Praktische Schritte des treuen Ausharrens

Damit du stark bleibst, brauchst du tägliche geistliche Nahrung:

1. Gebet: Erzähle Jesus alles, Freude, Sorgen, Ängste.

2. Bibellese: Lese täglich, lerne Verse auswendig, trage sie im Herzen.

3. Lobpreis: Singe für Gott, Lobpreis verändert die Atmosphäre in deinem Herzen.

4. Gemeinschaft: Suche dir Geschwister, die dich stärken. Allein wird der Weg schwerer.

5. Ewigkeitsperspektive: Schreibe dir Verse über den Himmel auf Kärtchen, erinnere dich daran, wenn du entmutigt bist.

16.5 Dein Lohn ist sicher

Du magst hier auf der Erde vieles verlieren. Doch nichts, was du für Jesus aufgibst, ist umsonst.

„Sei getreu bis in den Tod, so will ich dir die Krone des Lebens geben." (Offenbarung 2,10)

Dein Name ist im Buch des Lebens geschrieben. Gott sieht deine Tränen, er zählt deine Schritte, er vergisst keinen deiner Opfer. In der Ewigkeit wartet eine unverwelkliche Krone auf dich.

16.6 Vorbilder im Ausharren

Die Bibel gibt dir viele Beispiele von Menschen, die durchgehalten haben:

- Daniel blieb treu im Gebet, auch wenn es ihn das Leben kosten sollte.

- Die Freunde Daniels vertrauten Gott im Feuerofen, und er bewahrte sie.

- Paulus schrieb: „Ich vermag alles durch den, der mich stark macht.“

- Die Wolke der Zeugen (Hebräer 11) zeigt dir: Glaube trägt auch durch Leiden.

Sie alle rufen dir zu: Halte durch, es lohnt sich!

16.7 Dein täglicher Entschluss

Dein Leben mit Jesus ist ein täglicher Entschluss: treu bleiben, den Blick auf die Ewigkeit richten, nicht zurückweichen.

„Darum, meine geliebten Brüder, seid fest, unerschütterlich, nehmt immer zu in dem Werk des Herrn, weil ihr wisst, dass eure Arbeit nicht vergeblich ist im Herrn.“ (1. Korinther 15,58)

Vergiss nie: Der Herr kommt bald. Sein Lohn ist bei ihm. Bleib standhaft, halte durch, und du wirst den Siegeskranz empfangen.

Zeitfracht Medien GmbH
Ferdinand-Jühlke-Straße 7,
99095 - DE, Erfurt
produktsicherheit@zeitfracht.de

FSC
www.fsc.org
MIX
Papier | Fördert
gute Waldnutzung
FSC® C083411

Druck:
CPI Druckdienstleistungen GmbH
im Auftrag der
Zeitfracht Medien GmbH
Ein Unternehmen der Zeitfracht - Gruppe
Ferdinand-Jühlke-Str. 7
99095 Erfurt